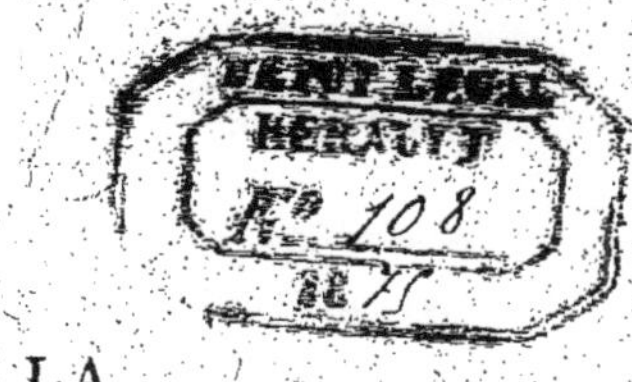

LA
CRÉATION
DU MONDE

ORATORIO EN TROIS PARTIES

TRADUIT DE L'ALLEMAND ET MIS EN VERS FRANÇAIS

Par DESRIAUX

MUSIQUE DE

JOSEPH HAYDN

PRIX : **50** CENTIMES

MONTPELLIER
IMPRIMERIE FIRMIN & CABIROU
7, RUE DES CASERNES, 7
—
1875

LA
CRÉATION
DU MONDE

ORATORIO EN TROIS PARTIES

TRADUIT DE L'ALLEMAND ET MIS EN VERS FRANÇAIS

Par DESRIAUX

MUSIQUE DE

JOSEPH HAYDN

PRIX : **50** CENTIMES

MONTPELLIER

IMPRIMERIE FIRMIN & CABIROU

7, RUE DES CASERNES, 7

1875

PERSONNAGES

RAPHAEL	*Basse.*		GABRIEL	*Soprano.*
URIEL	*Ténor.*		ÈVE	*Soprano.*
	ADAM	*Basse.*		

CHŒUR ET ORCHESTRE

LA
CRÉATION DU MONDE

PREMIÈRE PARTIE

N° **1.**   RAPHAEL (*Récit*).

Dieu fut le Créateur du Ciel et de la Terre ;
La Terre, informe, était l'image du chaos ;
Une obscure vapeur remplissait l'atmosphère.

CHŒUR

Et l'Esprit Saint, couvrant les eaux,
Planait sur leur surface ;
Et Dieu dit :
Que la lumière se fasse ;
Elle se fit.

URIEL (*Récit*).

Dieu la voit et l'approuve, à son œuvre sourit,
Et sépare le jour des ombres de la nuit..

N° **2.**   URIEL (*Air*).

La force du rayon céleste
Dissipe l'ombre effroyable et funeste.
Le jour paraît et luit ;
Le trouble cesse et l'ordre s'établit.
Des noirs esprits la troupe immonde
Dans la nuit obscure et profonde
S'enfuit de frayeur.

CHŒUR

Le désespoir, la rage, habitent dans leur cœur ;
On voit un nouveau monde
Sortir des mains du Créateur.

N° **3.** RAPHAEL (*Récit*).

Dieu fit aussi le firmament,
Et sépara les eaux de l'atmosphère
De la masse des flots répandus sur la terre.
O prodige étonnant !
L'air s'obscurcit et la tempête gronde ;
Sur les ailes des vents, le nuage s'enfuit ;
De mille feux l'air brille et se remplit ;
Un bruit horrible épouvante le monde.
Puis il forma les flots retentissants,
La pluie abondante et féconde,
La grêle si funeste aux champs,
La neige aux flocons blanchissants.

GABRIEL ET CHŒUR

Immobile, le chœur des anges
Du grand chef-d'œuvre admire la splendeur,
S'incline et chante les louanges
De son Seigneur.

N° **4.** RAPHAEL (*Récit*).

Et Dieu dit :
Que l'onde s'enferme
En de vastes canaux,
Et que la terre-ferme
Paraisse sur les eaux.
La Terre obéit.
Dieu lui-même
L'appela Continent ;
Et la masse des flots
Fut nommée Océan.
Par sa volonté suprême.

RAPHAEL (*Air*).

L'onde écumante et rapide
S'élance au sein des vastes mers.
Des monts la cime aride

S'élève et règne dans les airs.
Le fleuve turbulent
Roule en grondant
Ses vagues dans la plaine ;
Le ruisseau tranquillement
Parmi des fleurs se promène.

Nº **5**   GABRIEL (*Récit*).

Et Dieu dit : « Que le sol produise en abondance
» Des grains, des végétaux, des arbres et des fruits,
        » Et que par leur semence
        »" Ils soient reproduits. »
Ces ordres du Seigneur sont à l'instant suivis.

GABRIEL (*Air*).

Déjà des plus brillantes fleurs,
O plaine heureuse et ravissante !
Ta robe verdoyante
Étale, expose les couleurs.
Tout charme sur la terre ;
Une herbe salutaire
S'anime et va germer.
Là des bosquets, là des vallons fleurissent,
Là sous les fruits de longs rameaux fléchissent
Et sur les monts le cèdre va régner.

Nº **6**   URIEL (*Récit*).

Le Ciel voit le miracle et le troisième jour
S'annonce par ces chants de la céleste cour :

CHŒUR

Prenez la lyre, touchez la lyre.
D'un Dieu puissant, que tout admire,
Chantons à jamais le nom, les bienfaits.
Ce n'est que sous son empire
Qu'on trouve la gloire et la paix.

Nº **7**   URIEL (*Récit*).

Et Dieu dit : « Que le ciel soit orné de lumières,
        » Qui des nuits distinguent les jours,
        » Qui dans leurs marches régulières
» Du temps et des saisons doivent marquer le cours. »

Et la Nuit, déployant ses voiles,
A la voix du Seigneur se couronne d'étoiles.

URIEL

Le soleil de ses feux remplit le firmament.
Flambeau de la terre entière,
Il ouvre et suit sa carrière
Comme un superbe géant.
Avec lenteur la lune qui s'avance
Roule en repos son char silencieux ;
Des astres la présence
Vient embellir encor son aspect radieux.
Le chœur sacré commence
A faire retentir les airs,
Et l'on proclame ainsi l'éternelle puissance
Du Dieu de l'Univers.

CHŒUR

La gloire céleste
Se manifeste.
Dieu juste et bienfaisant,
Que ton pouvoir est grand !
Le jour le révèle
Au jour qui le suit
La nuit le rappelle
Encore à la nuit.
Salut, hommage,
Au Roi des Cieux !
Son sublime ouvrage
Parle à tous les yeux.

Fin de la 1ʳᵉ Partie.

DEUXIÈME PARTIE

N° **8**   GABRIEL (*Récit*).

Et Dieu dit: « Que les mers, les rivières
» Donnent le jour à des êtres vivants ;
» Et que l'oiseau, porté sur des ailes légères,
» Se suspende aux rameaux et vole dans les champs.

GABRIEL (*Air*).

Déjà d'un vol rapide
L'aigle s'élance et fend les airs.
Sa fierté, que rien n'intimide,
Ose affronter la foudre et les éclairs.
L'alouette, en chantant, va saluer le jour.
La fidèle
Tourterelle
Pleure et chante son amour.
Doux rossignol du bocage,
Que ton joyeux ramage
Charme les bois d'alentour !
Tranquille à l'ombre du feuillage
Où rien ne trouble tes loisirs,
Tu chantes les plaisirs.

N° **9**   RAPHAEL (*Récit*).

Et Dieu créa tous ces poissons énormes
Qui s'agitent sous mille formes
Dans l'Océan ;
Et Dieu les bénit en disant :
« Croissez sans cesse,
» Faites propager votre espèce ;
» Chantez, jeunes oiseaux,
» Sous ces rameaux.
» Que tout s'anime, se féconde
» Et dans l'air et dans l'onde.
» Que votre espèce
» Croisse sans cesse,
» Et rende hommage au Créateur,
» De l'Univers puissant moteur. »

N° 10   RAPHAEL (*Récit*).

Et les Anges du ciel remplissent les portiques
Pour y faire encor,
Sur des lyres d'or,
Entendre leurs cantiques.

GABRIEL (*Trio*).

De quels tableaux nouveaux
Les fleurs et la verdure
Entourent ces coteaux !
Une onde claire et pure
Coulant avec murmure
S'en va baigner les roseaux.

URIEL

Là, mille oiseaux divers
Remplissent les bocages
Du bruit de leurs concerts ;
Aux flammes du soleil,
Faisant de leurs plumages
Briller l'éclat non pareil.

RAPHAEL

O vastes amas des ondes,
Où le poisson s'agite en des vagues profondes,
Que vos effets sont imposants !
L'horrible baleine
Nage et se promène
Parmi les flots bruyants.

A TROIS

Grand Dieu, que ton pouvoir est grand,
Sublime et bienfaisant !

N° 11   SUITE DU TRIO

Rendons hommage au Créateur ;
Chantons sa gloire et sa grandeur.

N° 12   RAPHAEL (*Récit*).

Et Dieu dit : «Que la Terre, en miracle fertile,
» Forme le serpent, le reptile ;
» Que des êtres vivants
» Remplissent les bois et les champs. »

A ces mots, la terre s'ouvre,
Et sa surface au loin se couvre
De mille an maux différents
    Qu'on voit sortir de ses flancs.
        Le lion s'avance,
        Plein de majesté ;
        Le tigre s'élance
        Avec férocité.
On voit le cerf, orné d'un bois superbe ;
    Le coursier bondit sur l'herbe ,
    Il agite ses crins flottants
        Au gré des vents.
        Les troupeaux mugissent
        Et se réunissent,
    Broutant les prés fleuris.
        Ici, des brebis
    S'attroupe l'espèce innocente.
Là, d'insectes ailés la foule bourdonnante
    Dans les airs a pris son essor.
Le vermisseau s'allonge et rampe avec effort.

RAPHAEL (*Air*).

        Dans tout son jour
    Le ciel brille et s'admire ;
        Il voit d'amour
    La terre lui sourire.
        De mille oiseaux
    Les forêts se garnissent ;
        Du fond des eaux
    Les poissons rejaillissent ;
Le sol gémit sous le poids des troupeaux.
    Et Dieu n'a pas tout fait encore :
    A cet ouvrage du Seigneur
    Il manque un être qui l'adore
    Et qui le porte dans son cœur.

N° **13**   URIEL (*Récit*).

    Et Dieu, créant l'homme à sa ressemblance,
Lui donna la raison, l'esprit, l'intelligence.
Et Dieu forma la femme, et joignant la beauté
        A sa douce innocence,
L'anima du flambeau de la divinité.

AIR

Mais l'homme eut en partage
La force et le courage,
Son noble et doux langage.
 Tout suivra sa loi ;
Du monde il est le roi.
De Dieu l'homme est l'ouvrage,
Il est sa vive image.
On voit sur son visage,
 Dans ses traits, ses yeux,
Qu'il est né pour les cieux.
Sur lui, prête à répandre
Le plus charmant bonheur,
L'épouse la plus tendre
Déjà s'incline sur son cœur.
Sa voix sensible appelle
L'amour et les désirs.
 En elle
Sont tous les plaisirs.

N° 14   RAPHAEL (*Récit*).

Et Dieu même approuva son magnifique ouvrage,
Et le céleste Chœur, voyant cet assemblage
 De prodiges nouveaux,
Célébra par ses chants la fin de ses travaux.

CHŒUR

De Dieu chantons la gloire,
Le Ciel jouit de sa victoire,
Que l'univers en soit rempli ;
Son grand ouvrage est accompli.

GABRIEL, URIEL ET RAPHAEL

Grand Dieu, c'est toi que tout implore.
Tu verses la gloire et la paix,
 Et l'être qui t'adore
 Réclame tes bienfaits.

RAPHAEL

Sans toi, sans ta lumière,
Tout tremble, tout est languissant
 Et rentre en poussière
Dans son premier néant.

GABRIEL, URIEL ET RAPHAEL

Ton souffle rend la vie
A tous les peuples renaissants ;
La terre, rajeunie,
Paraît dans son printemps :

CHŒUR

De Dieu chantons la gloire.
Le Ciel jouit de sa victoire,
Quel triomphe et quelle gloire !
Partout son nom retentira.

ALLELUIA ! ALLELÜIA !

Fin de la deuxième Partie.

TROISIÈME PARTIE

N° 15   URIEL (*Récit*).

Au doux ramage des oiseaux
L'Aurore se réveille et sort du sein des eaux.
De la céleste sphère
Un bruit harmonieux
Descend sur la terre.
D'un pas majestueux
Le couple heureux s'avance ;
La reconnaissance
Se fait admirer dans ses yeux ;
Sa voix pure et touchante
Bénit son Bienfaiteur.
Louons celui qu'il chante,
Louons le Créateur !...

N° 16   ADAM ET ÈVE (*Duo*).

O Dieu puissant, que tout révère,
Reçois l'encens des humains ;
Ta voix créa la Terre
Et règle ses destins.

CHŒUR

Que tout bénisse le Seigneur !
Les cieux sont pleins de sa grandeur.

ADAM

Divin flambeau, dont la lumière
Éclate dans les airs,
Et qui parcours dans ta carrière
Tant de climats divers.

CHŒUR

Redis à la Nature entière
Que ses trésors nous sont ouverts.

ÈVE

Et toi, dont la douce présence
La nuit orne les cieux,
Brillante lune, atteste sa puissance
Et sa gloire à nos yeux.

ADAM

Et vous, orages,
Dont le bruit
Dans les airs retentit,
Feux, vapeurs, nuages,
Que le vent
Disperse en mugissant.

ADAM, ÈVE ET CHŒUR

Mêlez vos voix à nos hommages
Pour célébrer le Tout-Puissant.

ÈVE

Limpides ruisseaux
Bénissez le Seigneur dans votre doux murmure.
Devant ce Roi de la nature,
Arbres, inclinez vos rameaux.

ADAM

Vous qui restez sur les montagnes,
Et vous au pied des coteaux ;
Vous qui volez dans les campagnes ;
Et vous, habitants des eaux,
Que tout célèbre ses travaux !

CHŒUR

Que tout chante ses travaux!

ADAM ET ÈVE

Dans ces vallons, sur ces collines,
  Chacun le bénira.
Son nom dans les forêts voisines
  Sans cesse retentira.

CHŒUR

Gloire à toi seul, à ta puissance,
Dieu qui nous combles de bienfaits!
Tout se prosterne en ta présence,
Et tous les cœurs sont satisfaits.

N° 17　　　　ADAM (*Récit*).

Notre humble voix s'est fait entendre,
Elle a béni le Roi des Cieux.
Viens, suis mes pas, épouse aimable et tendre,
  Vois-tu ce bois mystérieux
  Et ces jardins silencieux,
    Qu'un doux zéphir agite?
    Le chant de mille oiseaux,
    Le bruit de ces ruisseaux,
    Fuyant sous ces rameaux?
    Ici tout nous invite
    A des plaisirs nouveaux :
  Viens, suis-moi dans ces berceaux.

ÈVE (*Récit*).

O toi..., toi qui vas être
Mon appui, ma gloire, mon roi,
  Je veux subir ta loi;
  Le Ciel m'a fait connaître
    Ce que je te doi,
  Et qu'il ne m'a fait naître
    Que pour toi.

ADAM (*Duo*)

Quelle grâce ton sourire
Prête encor à ta beauté!
Dans tes bras je ne respire
Que tendresse et volupté.

ÈVE

Viens, exerce ton empire
Sur mon cœur, sur ma beauté ;
Ta présence ne m'inspire
Que tendresse et volupté.

ADAM

Que l'aube du jour
Est pure et touchante !
Que dans ce séjour
La nuit est charmante !

ADAM

Combien ces fruits nous offrent de douceurs !

ÈVE

Qu'il est brillant le vif émail des fleurs !

ADAM ET ÈVE

Mais rien sans toi ne m'enchante.

ADAM

La plante

ÈVE

Brillante,

ADAM

La rose

ÈVE

Est sans odeur.

DUO

O doux objet de la plus vive flamme,
C'est toi qui fais tout mon bonheur ;
Joignons ton âme à mon âme ;
Viens, joins ton cœur à mon cœur.

N° 18   URIEL (*Récit*).

O couple heureux et fait pour toujours l'être,
Crains que l'orgueil ne vienne t'égarer
Et n'aspire pas à connaître
Ce qu'il t'importe d'ignorer.

CHŒUR

Gloire à Dieu, dont la puissance
Fait éclore en abondance
Tant de biens si précieux,
Tant de fruits de sa clémence ;
Salut, honneur et gloire au Roi des Cieux !